Schwäbische Küche

Bodenständig,
deftig und lecker

EDITION XXL

Inhalt

Vorwort

Die schwäbische Küche ist in der ganzen Welt bekannt und beliebt. Sie besticht durch ihre Einfachheit und Deftigkeit, der sich ein genießerischer Gaumen mit Appetit oder gar Hunger kaum entziehen kann. Maultaschen, Kässpätzle, Linsen mit Spätzle und Saitenwürstchen sind nicht nur von den großen Essern begehrt, sondern gehören ebenso zu den Leibgerichten der kleinen Tischgäste. Mit schwäbischen Gerichten können Sie bei der ganzen Familie punkten!

Gaisburger Marsch oder Schupfnudeln kennen Sie vielleicht vom Hörensagen oder haben sie schon einmal zubereitet – hier finden Sie zu den echten Klassikern noch weitere Informationen und Varianten, die Ihnen zeigen, wie vielfältig die Küche des „Schwobaländles" sein kann!

Der ausführliche Ratgeber informiert über die wichtigsten Zutaten und Spezialitäten der schwäbischen Küche. Hier finden Sie außerdem die verschiedenen Möglichkeiten der Spätzlezubereitung und erfahren die wichtigsten Begriffe des schwäbischen Dialekts.

Gutes Gelingen wünscht Ihnen

Elisabeth Bangert

Was die schwäbische Küche auszeichnet ∽

Die Schwaben gelten als sparsames Völkchen, deren Wohlstand hauptsächlich darauf zurückgeht, *„dass se 's Geld z'semmahalta"* (dass sie das Geld zusammenhalten). Ob das immer und im ganzen Schwabenland richtig ist, lässt sich nicht sagen. Eines ist jedoch sicher: Die schwäbische Küche ist sparsam. Sie zeichnet sich durch Einfachheit und Bodenständigkeit aus. Doch wir alle wissen ja: Weniger ist mehr – ganz besonders beim Kochen! Und darin liegt vermutlich der besondere Reiz der schwäbischen Küche.

Die bekanntesten schwäbischen Gerichte sind sicherlich Maultaschen, Linsen und Spätzle, Gaisburger Marsch, Kässpätzle oder Flädlesuppe. Als Beilagen sind Spätzle, Knöpfle, Schupfnudeln, Sauerkraut und Kartoffelsalat charakteristisch.

Die Menge an Grundzutaten und deren Weiterverarbeitung ist übersichtlich und einfach.

Die Gründe dafür gehen auf das mühsame Leben der Bauern zurück, die sich mit wenigen Feldfrüchten der kargen Böden zufrieden geben mussten: Kartoffeln, Getreide, Hülsenfrüchte und genügsame Kohlgewächse. Zwar konnte man sich durch die Hühnerhaltung mit Eiern versorgen, jedoch war die Verfügbarkeit von Fleisch sehr begrenzt. Viehzucht, Milchwirtschaft und umfangreicher Obstbau waren aufgrund der klimatischen Bedingungen nur in wenigen Gegenden möglich. Außerdem brauchte man die Kühe und Ochsen für die Arbeit auf dem Feld.

Was dann noch an Zutaten übrig bleibt, bildet auch heute die Grundlage für die schwäbische Küche: Hülsenfrüchte wie insbesondere Linsen, Teigwaren wie Spätzle, Knöpfle, Maultaschen oder Schupfnudeln, für den langen Winter haltbar gemachtes Gemüse wie z. B. Sauerkraut und einige Gerichte, die aus Innereien zubereitet werden, wie z. B. Leberspätzle. Die wichtigsten Zutaten und die typisch schwäbischen Zubereitungsformen werden im Folgenden vorgestellt.

Linsen

Die Linse stammt aus dem Mittelmeerraum und Kleinasien und ist schon von jeher eine wichtige Nutzpflanze der Menschen. Sie ist sehr lange haltbar und gedeiht selbst auf steinigen, kargen Böden bei ungünstigem Klima. Deswegen kommt sie mit den unwirtlichen Lebensbedingungen auf der „rauen Alb", wie die Schwäbische Alb auch genannt wird, sehr gut zurecht. Sie benötigt Stützpflanzen als Rankhilfen und wird daher meist in Mischkultur mit Getreide angebaut, das im Anschluss an die Ernte mit großem Aufwand wieder getrennt werden muss. Aufgrund der geringen Rentabilität wurde ihre Kultivierung auf der Alb in den 1950er-Jahren eingestellt, was der besonderen Vorliebe der Schwaben für die Linse jedoch keinen Abbruch tat. Mittlerweile hat man sich hier wieder auf die Tradition des Linsenanbaus besonnen und kleinere Anbaumengen auch von seltenen Linsensorten kultiviert.

Neben den geschmacklichen Vorzügen sind Linsen auch gesund: Sie versorgen den Körper mit viel pflanzlichem Eiweiß und wertvollen Vitaminen sowie wichtigen Mineralstoffen. Sie liefern Ballaststoffe, sättigen hervorragend und haben eine positive Wirkung auf den Blutzuckerspiegel, weshalb sie auch für Diabetiker ein ideales Nahrungsmittel sind.

In der schwäbischen Küche werden meist Tellerlinsen verwendet, die je nach Lagerdauer eine grüne, gelbe oder braune Farbe haben. Auf ihren Geschmack hat dies jedoch keinen Einfluss.

Im Hinblick auf den hohen Eiweiß- und Vitamingehalt sollten Linsen schonend bei geringer Hitzezufuhr gegart werden. Man legt sie vor dem Kochen am besten 5–10 Stunden in eine Schüssel mit Wasser. Sie müssen zwar nicht unbedingt eingeweicht werden, jedoch wird dadurch die Garzeit reduziert. Das macht die Zubereitung wesentlich energie- und kostensparender.

Eingeweichte Linsen benötigen höchstens 30 Minuten zum bissfesten Garen. Werden sie nicht eingeweicht, kochen sie bis zu 1 Stunde. Die fertigen Linsen werden zum Schluss mit Salz, Pfeffer und Essig abgeschmeckt.

Essig

Gut geeignet ist weißer oder roter Wein- oder Branntweinessig.

Der Essig wurde vermutlich als Ersatz für den aromatisierenden Wein in die schwäbische Küche eingeführt. Für die Zubereitung von Linsen ist Essig eine wesentliche Zutat, da er die schwer verdaulichen Linsen leichter bekömmlich macht.

Der säuerliche Geschmack ist für schwäbische Linsengerichte charakteristisch und gibt ihnen die besondere Note. So manch einer würzt auch die bereits auf Tellern angerichteten Linsen mit Essig noch einmal kräftig nach. Die individuellen Vorstellungen über die zugesetzte Menge Essig sind sehr unterschiedlich, sodass mit dem Salz- und dem Pfefferstreuer ebenso die Essigflasche mit auf den Tisch gestellt wird – auch wenn der Schwabe sagt: *Jeder Tropfa Essig koschtet an Tropfa Bluat!"*

Auch „Saure Kartoffelrädle" sowie der typische schwäbische Kartoffelsalat werden mit Essig gewürzt. Er gibt den Kartoffeln einen angenehmen säuerlichen Geschmack und rundet sie harmonisch ab. Letztendlich landet bei schwäbischen Gerichten spätestens mit der Salatsoße immer etwas Essig auf dem Teller.

Mit einem Spätzlesieb und dem passenden Schaber ist die Spätzleherstellung ganz einfach.

Spätzle und Knöpfle

Sie sind das Herzstück der schwäbischen Küche und haben jahrhundertelange Tradition. Jede Hausfrau aus Schwaben, die etwas auf sich hält, bereitet sie natürlich selbst zu und verfügt über die entsprechenden Hilfsmittel wie Spätzlebrett, Spätzlesieb, Spätzleschaber oder Spätzlepresse. Traditionell wurde Mehl aus Dinkel verwendet, heute ist eher Weizenmehl üblich.

Der Name „Spätzle" geht vermutlich auf das italienische *„spezzare"* (zerteilen) zurück, womit das Zerkleinern des Teigs gemeint sein könnte.

Spätzle werden nach folgender Faustformel aus einem zähflüssigen Teig hergestellt:

Knöpfle werden aus demselben Teig hergestellt wie Spätzle, werden jedoch nicht langgezogen.

Pro 100 g Mehl wird jeweils 1 Ei sowie 1 Prise Salz verarbeitet, wobei ab 400 g Mehl noch 1 zusätzliches Ei mit in den Teig kommt (**Rezept Seite 26**). Der Teig wird kräftig gerührt und hat die richtige Konsistenz, wenn er langsam und zäh vom Löffel fließt, ohne zu reißen. Gegebenenfalls noch etwas Wasser oder Mehl dazugeben. Im Anschluss ca. 10 Minuten ruhen lassen.

Zur Zubereitung der Spätzle den Teig portionsweise in eine Spätzlepresse geben und in kochendes Salzwasser drücken. Bei der Herstellung mit einem Spätzlesieb oder -hobel

Jeder gut ausgestattete schwäbische Haushalt verfügt über eine Spätzlepresse.

wird der Teig ebenfalls in kleineren Portionen auf das Sieb gegeben und dann mit einem Schabewerkzeug ins Wasser geschabt.

Der Umgang mit dem klassischen Spätzlebrett und Spätzleschaber verlangt allerdings etwas Übung. Dabei wird der Teig in kleinen Portionen (1–2 EL) auf einem Holzbrett, das unten schräg abgeschnitten ist, glatt gestrichen und mit einem Metallschaber in kleinen Stücken ins kochende Wasser geschabt. Wichtig ist, das Spätzlebrett direkt darüber zu halten. Bevor man beginnt, ist es sinnvoll, das Brett zum Befeuchten kurz ins kochende

Wasser zu tauchen. Bis man ein Gefühl dafür bekommen hat, werden die ersten Spätzle vermutlich etwas zu dick, was den Geschmack jedoch nicht beeinträchtigt.

Der Teig für Knöpfle wird auf dieselbe Weise hergestellt. Der einzige Unterschied liegt in der Form: Eigentlich handelt es sich hierbei um kurz abgeschnittene Spätzle. Am besten lassen sie sich mithilfe eines Spätzlesiebs oder -hobels herstellen, mit denen der Teig dann rasch ins kochende Wasser geschabt wird, bevor sich daraus langgezogene Spätzle bilden können.

Maultaschen

Man könnte die gefüllten Teigtaschen auch als schwäbische Ravioli bezeichnen. Man serviert und verzehrt sie gerne in der Brühe und reicht dazu Kartoffelsalat und grünen Salat. Wundern Sie sich nicht, wenn auch die Salate zusammen mit den Maultaschen in der flüssigen Brühe auf dem Teller oder zumindest in einem Rest davon landen. Die schwäbische Küche zeigt insbesondere bei diesem Gericht ihren Hang zum Flüssigen und die grundlegende Bedeutung von Suppen, Brühe und auch Soßen.

Über die Maultaschen und ihre Entstehung gibt es viele Geschichten. Eine davon handelt von den Mönchen des Klosters Maulbronn, die diese Speise erfanden, um in den Teigtaschen während der Fastenzeit das Fleisch vor Gott zu verstecken. Man nennt die Maultaschen daher auch „Herrgottsb'scheißerle".

Zwei verschiedene **Rezepte** zur Maultaschenherstellung finden Sie auf den **Seiten 10** und **11**.

Schupfnudeln

Kartoffeln sind der wesentliche Bestandteil der Schupfnudeln. Aus gekochten Kartoffeln, Mehl und 1 Ei wird ein Teig hergestellt, der zu spitz zulaufenden Würstchen gerollt wird. So lässt sich eine sättigende Beilage herstellen, die

zusammen mit Sauerkraut, Speck oder Pilzen auch als Hauptgericht serviert werden kann (**Rezepte** auf den **Seiten 38** bis **41**). Zusammen mit Sauerkraut bereichern Schupfnudeln oftmals das kulinarische Angebot auf schwäbischen Volksfesten und Weihnachtsmärkten. Aufgrund ihrer charakteristischen Form nennt man sie auch „Buabaspitzle".

Sauerkraut von den Fildern

Weißkohl oder Spitzkohl wird durch Milchsäuregärung als Sauerkraut haltbar gemacht und ist als solches in der gesamten deutschen Küche eine wichtige Zutat für viele Gerichte. Sauerkraut ist reich an Mineralstoffen und Vitaminen und hat insbesondere in den Wintermonaten eine lange Tradition als heimischer und lange haltbarer Vitamin-C-Lieferant.

Auf den Fildern, einem besonders fruchtbaren Anbaugebiet in der Region Stuttgart, wird das so genannte *Filderkraut* angebaut. Es handelt sich um eine Spitzkohlart, die sich durch feste und dennoch zarte Blätter mit einem feinen Geschmack auszeichnet. Filderkraut ist für die Sauerkrautherstellung hervorragend geeignet und gilt als besondere Delikatesse.

Gewöhnliches Sauerkraut wird mittlerweile jedoch vorwiegend aus normalen Weißkohlköpfen hergestellt, die sich maschinell grundsätzlich besser verarbeiten lassen als Spitzkohl.

Der schwäbische Kartoffelsalat

Er passt als Beilage ganz hervorragend zu den meisten schwäbischen Gerichten. Insbesondere Maultaschen in der Brühe werden in Schwaben gerne zusammen mit Kartoffelsalat gegessen. Die schwäbische Rezeptvariante – in Deutschland gibt es ja viele regional typische Zubereitungsformen von Kartoffelsalat – besticht durch ihre Einfachheit im Hinblick auf Zutaten und Zubereitung. Wichtig ist, den Salat nach dem Zugeben der Fleischbrühe zunächst etwas ziehen zu lassen, insbesondere wenn vorwiegend festkochende Kartoffeln verwendet werden. Dadurch wird vermieden, dass die Kartoffelscheiben beim Vermischen zu stark zerfallen. Besonders geeignet sind festkochende Kartoffelsorten, wie z. B. Sieglinde, Linda oder Selma.

Grundrezept

Zutaten für 👧👦👧👦

ca. 800 g festkochende Kartoffeln	ca. 200 ml Fleischbrühe
1 Zwiebel	2 EL gehackte Petersilie oder
1 TL Senf	Schnittlauch
3 EL Pflanzenöl	Pfeffer, Salz
2–3 EL Essig	

Zubereitung

1. Die Kartoffeln am besten schon am Vortag in der Schale kochen und abkühlen lassen. Dann pellen, in dünne Scheiben schneiden.

2. Die Zwiebel abziehen und fein würfeln. Den Senf mit dem Öl verrühren und darübergeben. Die Zwiebel dazugeben und alles mit Salz und Pfeffer kräftig würzen. Mit dem Essig und der heißen Fleischbrühe begießen.

3. Den Kartoffelsalat vor dem Vermischen zunächst 10 Minuten stehen lassen. Danach die Kräuter darüberstreuen und den Salat durchmischen. Nach Belieben mit Zwiebeln und Kräutern dekoriert auf Tellern anrichten.

Schwäbisches Wörterbuch

a bissle – ein wenig
aahne – entlang, weiter
ahleida – anrufen
allaweil – immer noch
An Guata! – Guten Appetit!
a Rädle Wurschd – eine Scheibe Wurst
äwwel – immer
Babbedeggl – Pappkarton, Führerschein
Bachl – Dummkopf, ungeschickte Person
bäffzga – keifen
Bähmull – Weichling, Jammerlappen
Bäpp – Klebstoff
Bäpper – Aufkleber
bäppig – klebrig
Bäradreck – Lakritze
Baufalla – Tannenzapfen
Beig – Stapel
Besa – Besen, unansehnliche Frau
Bettsoicher – Löwenzahn
Bibbeleskäs – Quark
Bieramooschd – Birnenmost
Bixamilch – Kondensmilch
Bixawurschd – Dosenwurst
Bletz – Flicken
Bloader – Blase, auch: Nerversäge
Blomakohl – Blumenkohl
Bobbl – Knäuel
Borscht – Kind
broide Nuadla – Bandnudeln
bruddla – meckern, schimpfen
dabfer – schnell, rasch
Daischdich – Donnerstag
derwäg – deswegen
Dienschdag – Dienstag
Dodde – Patentante
driabla – ankurbeln, drehen
drom– deshalb
drondrnai – zwischendurch, inzwischen
Epflbutza – Apfelkerngehäuse
Fiaß – Füße, Beine
fiere – nach vorne
Glomb – Gerät von schlechter Qualität

Gosch – Mund
Grombiera – Kartoffeln
Grombierasalad – Kartoffelsalat
Gsälz – Marmelade
Guatsle – Bonbons
Gugg – Tüte
Hääs – Anzug, Kleid, Gewand
Häfele – kleiner Topf
Häggr – Schluckauf
Hoachzicht – Hochzeit
hogga – sitzen
Hubbl – Beule, Unebenheit
hussa – draußen
Joomer – Sehnsucht, Heimweh
Knäusle – Brotanschnitt
Kradde – Korb
Riabl – Stück, auch: Brotanschnitt
Meichl – Schimmel, schlechter Geruch
meichelig – schimmelig, übelriechend
Mendich – Montag
obacha – unglaublich
Oi – Ei, Plural **Oier** – Eier
pfupffra – reizen, interessieren
Preschtling – Erdbeeren
Röhrle – Strohhalm
Samschdag – Samstag
Schässloh – Sofa
Schdiag – Treppe
Schell – Klingel
schäpps – schief, krumm
schella – klingeln
Sonndich – Sonntag
spächta – beobachten
Weffzg – Wespe
Wo goscht no? – Wo gehst du hin?
wonderfitzig – neugierig
Zenka – Nase
Ziebebe – Rosine

Maultaschen in der Brühe

Zutaten ✍ für 👨👩👧

Für den Nudelteig:
250 g Weizenmehl
2 Eier
1 TL Salz
1 EL Sonnenblumenöl

Für die Füllung:
1 altbackenes Brötchen
60 ml lauwarme Milch
1 Zwiebel
1 EL Butter
300 g frischer Blattspinat

250 g Bratwurst-
  brät
1 Ei
Muskatnuss,
  gemahlen
Pfeffer, Salz

Außerdem:
Mehl für die
  Arbeitsfläche
1 Eiweiß
1 l Fleischbrühe
2 EL Schnitt-
  lauchröllchen

Zubereitung ✍

1. Aus den Zutaten für den Nudelteig einen festen, geschmeidigen Teig herstellen. Zu einer Kugel formen und in Frischhaltefolie gewickelt ca. 1 Stunde im Kühlschrank ruhen lassen.

2. Für die Füllung das Brötchen in der Milch einweichen. Die Zwiebel abziehen, fein würfeln und in der Butter glasig anschwitzen. Den gewaschenen Spinat kurz blanchieren, abschrecken, ausdrücken und fein hacken. Zusammen mit dem ausgedrückten Brötchen, der Zwiebel, dem Brät und dem Ei in eine Schüssel geben und gut vermengen. Mit Salz, Pfeffer und Muskatnuss abschmecken.

3. Den Nudelteig auf einer bemehlten Arbeitsfläche gleichmäßig dünn ausrollen. 8 Rechtecke (10 × 20 cm) ausschneiden. Die Teigstreifen dünn mit der Brätmasse bestreichen und alle 5 cm zusammenklappen (4-mal). Die Teigränder mit Eiweiß bestreichen und gut festdrücken.

4. Die Maultaschen in siedendem Salzwasser ca. 8 Minuten gar ziehen lassen. Mit einer Schaumkelle herausnehmen.

5. Die Fleischbrühe aufkochen und mit Salz abschmecken. Die Maultaschen mit der heißen Brühe und mit Schnittlauchröllchen bestreut anrichten.

Maultaschen in Biersoße

Zubereitung

1. Aus den Zutaten für den Nudelteig mit 3 EL Wasser einen festen, geschmeidigen Teig herstellen. Zu einer Kugel formen und in Frischhaltefolie gewickelt ca. 1 Stunde im Kühlschrank ruhen lassen.

2. Für die Soße das Bier in einem Topf erhitzen, die gewaschenen und getrockneten Kräuter sowie die Gewürze dazugeben. Alles ca. 10 Minuten köcheln lassen. Den Sud durch ein Sieb abschütten. Die Butter in einem Topf schmelzen, das Mehl einrühren und mit dem Biersud unter Rühren ablöschen. Die Soße kurz aufkochen und mit Essig, Salz und Pfeffer abschmecken.

3. Für die Füllung die Zwiebel und den Knoblauch abziehen, fein hacken und zu dem Hackfleisch geben. Den Spinat verlesen, waschen und in heißem Wasser blanchieren. Dann herausnehmen, fein schneiden und ebenfalls zum Hackfleisch geben. Alles gut vermischen und mit Muskatnuss, Salz sowie Pfeffer kräftig würzen.

4. Den Nudelteig auf einer bemehlten Arbeitsfläche dünn ausrollen. Mit einem Maultaschenformer Kreise ausstechen und mit der Füllung belegen. Die Teigränder mit Eiweiß bestreichen, die Kreise zusammenklappen und an den Rändern zusammendrücken.

5. Die Maultaschen in reichlich Salzwasser ca. 10 Minuten köcheln. Mit einer Schaumkelle herausnehmen und mit der Soße anrichten.

Zutaten für

Für den Nudelteig:
250 g Weizenmehl
2 Eier
1 TL Salz

Für die Soße:
500 ml Bier
1 Bund gemischte Kräuter
1 TL Senfkörner
1 TL Pimentkörner
1 TL Pfefferkörner
1 Lorbeerblatt
30 g Butter
50 g Weizenmehl
2 EL Bieressig
Pfeffer, Salz

Für die Füllung:
1 Zwiebel
1 Knoblauchzehe
300 g gemischtes Hackfleisch
100 g frischer Spinat
Muskatnuss, gemahlen
Pfeffer, Salz

Außerdem:
Mehl für die Arbeitsfläche
1 Eiweiß

Flädlesuppe

Seine „Flädlesub" liebt der Schwabe über alles,
und doch geht „a Rühle über a Brühle".

– Ein guter Schlaf ist besser als eine Fleischbrühe. –

Zutaten für 👫👫👫

Für die Fleischbrühe:
500 g Suppenfleisch
500 g Suppenknochen
1 Bund Suppengemüse
1 Zwiebel
Muskatnuss, gemahlen
Pfeffer, Salz

Für die Flädle:
200 g Weizenmehl
240 ml lauwarme Milch
3 Eier
Salz

Außerdem:
Pflanzenfett zum
 Ausbacken
½ Bund Schnittlauch

Zubereitung

1. Für die Fleischbrühe das Fleisch und die Knochen in einen Topf geben und mit Wasser bedecken. Zum Kochen bringen und den Sud danach abgießen. Die Knochen abspülen und zusammen mit dem Fleisch erneut in ca. 2 l Wasser erhitzen.

2. Das Suppengemüse waschen, putzen und in Stücke schneiden. Die Karotten und den Sellerie in die Brühe geben und alles ca. 2½ Stunden köcheln lassen.

3. Die Zwiebel abziehen, in der Mitte durchschneiden und auf der Schnittfläche etwas anrösten. Den Lauch und die Zwiebel erst nach 2 Stunden der Brühe hinzufügen. Mit Muskatnuss, Salz und Pfeffer abschmecken.

4. Für die Flädle das Mehl in die Milch rühren. Die Eier sowie ½ TL Salz hinzufügen und alles zu einem klumpenfreien Teig verrühren. In einer Pfanne etwas Fett erhitzen und nach und nach den Teig auf beiden Seiten goldgelb zu dünnen Pfannkuchen ausbacken. Die Pfannkuchen noch heiß aufrollen und abkühlen lassen.

5. Den Schnittlauch waschen, trocknen und in Röllchen schneiden. Zum Servieren die gerollten Pfannkuchen in Scheiben schneiden, auf Tellern anrichten, mit heißer Brühe begießen und mit Schnittlauch bestreuen.

Tipp ❧

Das Suppenfleisch, das für die Herstellung der Fleischbrühe benötigt wird, können Sie nach Belieben für ein anderes Gericht weiterverwerten, z. B. für einen Fleischsalat oder für das auf Seite 35 beschriebene „Katzagschroi", ein typisch schwäbisches Reste-Essen.

Brätknödelsuppe

*„Des isch doch klar
wie Wurschdbria.“*

– Das ist doch sonnenklar. –

Zutaten ⁓ für

Für die Brätknödel:
250 g Fleischbrät
125 ml Milch
1 Ei
1 TL Weizenmehl
2 EL Petersilie,
  fein gehackt
2–3 EL Semmelbrösel
Muskatnuss, gemahlen
Pfeffer, Salz

Außerdem:
1 l Fleischbrühe
Salz, Pfeffer

Zubereitung ⁓

1. Für die Brätknödel das Fleischbrät mit der Milch, dem Ei und dem Mehl verrühren. Mit Muskatnuss sowie Salz und Pfeffer würzen. Die Petersilie und die Semmelbrösel dazugeben und alles gut vermengen.

2. Die Fleischbrühe erhitzen. Mit einem nassen Teelöffel aus dem Brätteig kleine Klößchen abstechen, in die heiße Brühe geben und 10 Minuten darin ziehen lassen. Nach Belieben mit Petersilie bestreut servieren.

Laugenbrezel-suppe

Zutaten ✧ für 👪

4 altbackene Laugen-
brezeln
1 l Fleischbrühe
½ Bund Schnittlauch
2 Eigelb
50 ml süße Sahne
Muskatnuss, gemahlen
Pfeffer, Salz

Zubereitung ✧

1. Die Laugenbrezeln in kleine Würfel schneiden und in der kalten Fleischbrühe zugedeckt ca. 1 Stunde einweichen. Den Schnittlauch waschen, trocknen und in kleine Röllchen schneiden.

2. Die Laugenbrezeln mit der Fleischbrühe erhitzen und so lange köcheln, bis die Brezeln sich aufgelöst haben.

3. Die Eigelbe und die Sahne miteinander vermischen, in die Suppe einrühren und mit Muskatnuss, Salz und Pfeffer abschmecken. Mit Schnittlauch bestreut servieren.

Gaisburger Marsch

Zutaten für 👨👧👦👧

1 Bund Suppengemüse	8 festkochende Kartoffeln
400 g mageres Suppen-fleisch	1 Zwiebel
4 Pfefferkörner	1 EL Pflanzenöl
1 Lorbeerblatt	½ Bund Schnittlauch
300 g Spätzle	Muskatnuss, gemahlen
	Pfeffer, Salz

„I ka essa und trinka was i will,
i han am Schaffa oifach koi Freud."

– Ich kann essen und trinken was ich will,
trotzdem macht die Arbeit keinen Spaß. –

Zubereitung

1. Das Suppengemüse waschen, putzen und grob schneiden. Mit dem Suppenfleisch in einen Topf geben und mit 1 l Wasser bedecken. Die Pfefferkörner, das Lorbeerblatt und ½ TL Salz hinzufügen. Zum Kochen bringen und bei geringer Hitze ca. 2 Stunden köcheln. Ca. 30 Minuten vor Ende der Garzeit die Spätzle in Salzwasser gar kochen.

2. Die Kartoffeln schälen und würfeln. Das gekochte Fleisch aus der Brühe nehmen und in mundgerechte Stücke schneiden. Die Kartoffelwürfel in die Brühe geben und darin garen. Das Fleisch hinzufügen und alles mit Muskatnuss, Salz und Pfeffer würzen.

3. Die Zwiebel abziehen, in Ringe schneiden und in einer Pfanne mit Öl kräftig anbraten. Den Schnittlauch waschen, trocknen und schneiden. Den Eintopf zusammen mit den Spätzle auf Tellern anrichten und mit Schnittlauch und gebratenen Zwiebelringen bestreut servieren.

Zur Geschichte

Der *Gaisburger Marsch* ist ein nahrhafter Eintopf, dessen Besonderheit darin besteht, dass Kartoffeln und Spätzle in einem Gericht zusammen serviert werden.

Seinen Namen hat er vom Stuttgarter Stadtteil Gaisburg. Wo indes der „Marsch" herstammt, ist ungewiss. Man erzählt sich zwei verschiedene Varianten, die sich beide um die Versorgung hungriger Soldaten drehen.

Einmal sind es Stuttgarter Offiziersanwärter, die gerne nach einer Gaststätte in Gaisburg marschierten, um dort Eintopf zu verzehren.

In der anderen Geschichte erfanden ihn die Frauen von gefangen genommenen Gaisburger Soldaten, die ihren Männern einmal pro Tag eine Mahlzeit bringen durften und sie dabei schmackhaft versorgt sehen wollten.

Königinnen-suppe

Zutaten ✍ für 👨👩👧👦

2 Eier
2 Karotten
100 g Sellerie
1 Zwiebel
1 Bund Petersilie
400 g Hähnchen-
  schnitzel

400 g Kalbfleisch
2 altbackene
  Brötchen
2 Eigelb
Muskatnuss,
  gemahlen
Pfeffer, Salz

Zubereitung ✍

1. Die Eier hart kochen und pellen. Die Karotten und den Sellerie putzen, schälen und grob zerkleinern. Die Zwiebel abziehen und vierteln.

2. Die Petersilie waschen und trocknen. Die Blätter abzupfen und grob hacken. Das Fleisch in kleine Stücke schneiden.

3. Das Fleisch und das Gemüse in einem Topf mit 1 l Wasser langsam erhitzen und ca. 40 Minuten köcheln, dann das Fleisch herausnehmen. Die hart gekochten Eier

zerkleinern, in die Suppe geben und mit dem Pürierstab pürieren.

4. Die Suppe wieder erhitzen, die Brötchen hineinbröckeln und so lange köcheln, bis sich die Brötchen aufgelöst haben.

5. Die Suppe vom Herd nehmen, durch ein Sieb passieren und die Eigelbe einrühren. Das Fleisch und die Petersilie zugeben und die Suppe mit Muskat, Salz und Pfeffer abschmecken.

Leberspätzle-suppe

Zutaten

für 👫👫

2 Zwiebeln
1 Bund Petersilie
250 g Rinderleber
250 g Weizenmehl
2 Eier
1 l Fleischbrühe
Muskatnuss, gemahlen
Pfeffer, Salz

Zubereitung

1. Die Zwiebeln abziehen und hacken. Die Petersilie waschen, trocknen, die Blätter von den Stielen zupfen und fein hacken. Die Leber und die Zwiebeln durch einen Fleischwolf drehen.

2. Aus dem Mehl, den Eiern und etwas Wasser einen glatten Teig herstellen. Die pürierte Leber mit dem Teig vermischen, die Petersilie dazugeben und das Ganze mit Muskatnuss, Salz und Pfeffer abschmecken.

3. Die Leberspätzle durch eine Spätzlepresse in kochendes Salzwasser drücken und aufkochen lassen.

4. Die Fleischbrühe erhitzen, die fertigen Leberspätzle einrühren und nach Belieben mit Kräutern bestreut servieren.

Specksalat

Zutaten für 👨👩👧

1 kleiner Weißkohl
250 g geräucherter
  Speck
2 Zwiebeln
1 EL Öl
2 EL Zucker
50 ml Gemüsebrühe
70 ml Weinessig
1 EL Kümmel
Pfeffer, Salz

Zubereitung

1. Vom Weißkohl den Strunk und die äußeren Blätter entfernen. Den Kohl halbieren und in feine Scheiben schneiden.

2. Den Speck in kleine Würfel schneiden, die Zwiebeln schälen und fein hacken.

3. Das Öl in einer Pfanne erhitzen, die Speckwürfel darin anbraten, die Zwiebeln dazugeben, mit dem Zucker bestreuen und so lange rühren, bis der Zucker geschmolzen ist. Mit der Brühe und dem Essig ablöschen, mit Kümmel, Salz und Pfeffer würzen.

4. Die Salatsoße über die Weißkohlstreifen geben und ca. 2 Stunden ziehen lassen.

Schwäbische Lumpensuppe

„Lumpa hemmer grad gnuag,
       aber viel zviel Fetza.“

– Lumpengesindel gibt es genug,
   aber viel zuviel Schlawiner. –

Zutaten für 👪

400 g Lyoner
150 g Emmentaler
1 EL Essig
2–3 EL Öl
1 Zwiebel
einige Blätter
  Eisbergsalat
½ Bund Schnittlauch
1 Tomate
Petersilie
Pfeffer, Salz

Zutaten

1. Die Wurst und den Käse in
feine Streifen schneiden und
in eine Schüssel geben. Essig,
Öl, Salz und Pfeffer zu einer
Salatsoße verrühren und
darübergießen. Alles gut
vermischen und ca. 30 Mi-
nuten durchziehen lassen.

2. Die Zwiebel abziehen und in feine Ringe schneiden. Die gewaschenen und getrockneten Salatblätter auf Tellern auslegen und den Wurstsalat darauf anrichten. Mit Zwiebelringen
belegen und mit geschnittenem Schnittlauch bestreuen. Mit
Tomatenschnitzen und Petersilie garniert servieren.

Allgäuer Käsesalat

Zutaten für

3 EL Kräuteressig	250 g Äpfel	einige Blätter
1 EL süßer Senf	150 g Senfgurken	Eisbergsalat
4 EL Olivenöl	200 g Allgäuer Hartkäse	1 Schale Kresse
1 TL Zucker	1 Zwiebel	Pfeffer, Salz

Zubereitung

1. Aus Essig, Senf, Öl, Zucker, Pfeffer und Salz eine Salatsoße anrühren.

2. Die Äpfel waschen, halbieren und das Kerngehäuse entfernen. Das Fruchtfleisch in Spalten und diese in kleine Stücke schneiden. Sofort in die Salatsoße geben, damit die Äpfel nicht braun werden.

3. Die Senfgurken in kleine Stücke und den Käse in Stifte schneiden. Die Zwiebel abziehen und die Hälfte in dünne Ringe schneiden, zur Seite stellen, den Rest fein hacken. Alles zu den Äpfeln in die Salatsoße geben und etwas durchziehen lassen. Auf den gewaschenen und getrockneten Salatblättern anrichten. Mit Zwiebelringen und Kresse bestreut servieren.

Zutaten ﹌ für 👨👩👧👦

500 g Schweinefüße	4 Scheiben fertiger
500 g Schweineohren	kalter Braten
1 Lorbeerblatt	Karotten
2 Nelken	Tomaten
4 Pimentkörner	4 Essiggurken
6 Pfefferkörner	Pfeffer, Salz
2 EL Essig	

Schwäbisches Sülzle

Zubereitung ﹌

1. Die Schweinefüße und -ohren mit den Gewürzen mit kaltem Wasser bedeckt zum Kochen bringen und ca. 40 Minuten köcheln lassen, bis der Sud gut eingedickt ist. Das ausgekochte Fleisch herausnehmen.

2. Das Fett vom Sud abschöpfen und den Sud durch ein Sieb schütten, danach mit Essig, Salz und Pfeffer abschmecken. Das Bratenfleisch, die Karotten, die Tomaten und die Gurken in Scheiben schneiden.

3. Das Fleisch und das Gemüse auf Suppentellern verteilen und mit dem Sud begießen. Im Kühlschrank erstarren lassen.

Hohenloher Eierplotz

„Jungfraua ond Oier
soll mr net zlang aufheba."
– Bitte das Verfallsdatum beachten. –

Zutaten 🌿 für 👨👧👧

4 altbackene Brötchen
½ Bund Schnittlauch
6 Eier
250 ml Milch
2 EL Butter
Pfeffer, Salz

Die Bedeutung dieses traditionellen Gerichts zeigt sich darin, dass es bereits 1828 in einem Gedicht von Klamer Eberhard Karl Schmidt Erwähnung findet:

„…daß drüben nun kein rechtlich Mann einen Eierplotz mehr backen kann!"

Zubereitung 🌿

1. Die Brötchen in Würfel schneiden. Den Schnittlauch waschen, trocknen und in kleine Röllchen schneiden.

2. Die Eier mit der Milch verquirlen und den Schnittlauch unterziehen. Die Milchmasse über die Brötchen schütten, mit Salz und Pfeffer würzen. Alles stehen lassen, bis sich die Brötchenwürfel mit der Flüssigkeit vollgesaugt haben.

3. In einer Pfanne die Butter schmelzen und den Eierplotz hineingeben. Ca. 3 Minuten backen, dann ein Brettchen auf die Pfanne legen und den Eierplotz darauf stürzen. Wieder in die heiße Pfanne geben und noch einmal 3 Minuten auf der anderen Seite backen.

Zutaten ~ für 👨‍👩‍👧‍👦

500 g Weizenmehl
6 Eier
1 TL Salz

Spätzle – Grundrezept

Zubereitung ~

1. Das Mehl und die Eier mit 1 TL Salz und 150 ml Wasser in eine Schüssel geben und mit einem Kochlöffel den Teig so lange schlagen, bis er Blasen wirft. Den Teig ca. 10 Minuten ruhen lassen.

2. Reichlich Salzwasser zum Kochen bringen und den Teig portionsweise durch eine Spätzlepresse in das kochende Wasser drücken.

3. Kurz aufkochen lassen und die Spätzle mit einer Schaumkelle herausnehmen. In kaltem Wasser abschrecken, herausnehmen und abtropfen lassen.

Kässpätzle

Zutaten

für 👫👫

400 g Weizenmehl
4 Eier
1 EL Pflanzenöl
2 Zwiebeln
50 g Butter
300 g Emmentaler,
  gerieben
Petersilie, fein gehackt
Schnittlauch,
  frisch geschnitten
Muskatnuss, gemahlen
Pfeffer, Salz

Zubereitung

1. Das Mehl in eine Schüssel sieben. Die Eier, 1 TL Salz, 2 Msp. Muskatnuss und 125 ml Wasser hinzufügen. Mit den Knethaken des elektrischen Handrührgerätes zu einem glatten Teig verarbeiten.

2. In einem Topf ca. 2 – 3 l Wasser zum Kochen bringen und 1 TL Salz sowie das Öl dazugeben. Den Spätzleteig portionsweise durch eine Spätzlepresse ins kochende Wasser drücken und garen, bis sie an der Wasseroberfläche schwimmen. Mit einem Schaumlöffel herausheben und abtropfen lassen.

3. Die Zwiebeln abziehen und in feine Ringe schneiden. Die Butter in einer Pfanne schmelzen und die Zwiebeln darin glasig dünsten.

4. Den Backofen auf 180 °C (Umluft 160 °C) vorheizen. Die Spätzle in eine Auflaufform geben. Mit 150 g Käse und den Zwiebelringen vermischen. Nach Belieben mit Pfeffer und Salz würzen. Den restlichen Käse darüberstreuen und alles im Backofen ca. 8 Minuten überbacken. Mit Petersilie und Schnittlauchröllchen garniert servieren.

Schwäbischer Topf

Zutaten ~ für 👩👧👩

½ Bund Schnittlauch
4 kleine Scheiben
  Rindfleisch
4 kleine Scheiben
  Schweinefilet
4 kleine Scheiben
  Putenschnitzel
20 g Weizenmehl

20 g Butter
500 g Spätzle
125 ml Fleischbrühe
1 TL Paprika edelsüß
4 Sardellenfilets
250 ml süße Sahne
125 ml saure Sahne
Pfeffer, Salz

Zubereitung ~

1. Den Schnittlauch waschen, trocknen und in feine Röllchen schneiden. Das Fleisch mit Salz und Pfeffer würzen und in Mehl wenden.

2. Die Butter in einer Pfanne erhitzen und die Fleischscheiben von jeder Seite ca. 3 Minuten braten, dann herausnehmen und warm stellen.

3. Die Spätzle in reichlich Salzwasser garen und abschütten.

4. Die Fleischbrühe in die Pfanne gießen, den Bratensatz damit loskochen und das Paprikapulver einrühren. Die Sardellenfilets zerdrücken, in die Soße geben und so lange kochen, bis sie zerfallen sind.

5. Die Pfanne von der Herdplatte nehmen und die Sahne einrühren. Mit Salz und Pfeffer abschmecken. Die Soße bei geringer Hitze behutsam erwärmen.

6. Die Spätzle auf Tellern anrichten, mit den Fleischscheiben belegen, die Sahnesoße darübergießen und mit dem Schnittlauch bestreuen.

Schwäbischer Zwiebelrostbraten

Zutaten ஃ für 👨👩👧👦

4 Scheiben Roastbeef
  à 200 g
40 g Butterschmalz
2 Zwiebeln
1 EL Weizenmehl
Pfeffer, Salz

Zubereitung ஃ

1. Das Fleisch flach klopfen und am Rand etwas ein-schneiden, um ein Aufwölben beim Braten zu verhin-dern. Das Butterschmalz in einer Pfanne erhitzen und das Fleisch von beiden Seiten je 3 Minuten kräftig anbraten. Aus der Pfanne nehmen, mit Salz und Pfeffer würzen und warm stellen.

2. Die Zwiebeln abziehen, in Scheiben schneiden und im Bratensaft der Fleischpfanne kräftig anrösten. Die Röstzwiebeln auf dem Fleisch verteilen. Das Mehl in die Pfanne streuen, etwas bräunen und unter Rühren mit 250 ml Wasser ablöschen. Die Soße mit Salz und Pfeffer abschmecken. Das Fleisch mit der Soße auf Tellern anrichten. Dazu passen Spätzle mit Salat oder Sauerkraut.

Schäufele
mit Senfsoße

*„A Geizhals und a fette Sau
sind erst noch am Tod
zu ebbes nutz."*

– Ein Geizhals und ein dickes
Schwein sind erst nach
dem Tode nützlich. –

Zutaten für 👪

2 ½ kg gepökelte
  Schweineschulter
2–3 EL Pflanzenfett
3 Zwiebeln
1 Bund Suppengemüse
2 Lorbeerblätter
2 Gewürznelken

5 Pfefferkörner,
  schwarz
3–4 Pimentkörner
Saft einer
  halben Zitrone
100 g Senf
125 ml süße Sahne

Zubereitung ✍

1. Die Schweineschulter waschen und abtrocknen. In einem großen Topf im Fett von allen Seiten knusprig anbraten.

2. Die Zwiebeln abziehen, das Suppengemüse waschen und putzen. Alles zum Fleisch geben und kurz mitbraten. Die Gewürze und den Zitronensaft dazugeben. Mit Wasser bedecken, zum Kochen bringen und ca. 90 Minuten in der siedenden Brühe garen.

3. Das Fleisch herausnehmen, vom Knochen lösen und in Scheiben schneiden. Den Senf mit der Sahne und etwas Fleischsud verrühren. Das Fleisch mit der Soße auf Tellern anrichten.

Dazu passt: **Gurken-gemüse**

Zutaten ✍

1 Schalotte
1 Salatgurke
1 TL Pflanzenöl
1 TL Weißweinessig
2 EL saure Sahne
½ TL gekörnte Brühe
1–2 Stängel Dill
Pfeffer, Salz

Zubereitung ✍

1. Die Schalotte abziehen und die Gurke schälen. Die Schalotte der Länge nach vierteln und fein hacken, die Gurke in feine Scheiben schneiden.

2. Die Schalotte kurz in Öl glasig dünsten, dann die Gurkenscheiben sowie den Essig dazugeben und weitere 3 Minuten dünsten. Die Sahne und die Brühe hinzufügen. Mit Salz und Pfeffer abschmecken. Alles nochmal ca. 2 Minuten bei schwacher Hitze köcheln. Den Dill waschen, trocknen und hacken. Erst kurz vor dem Servieren unterrühren.

Gebratene Maultaschen auf Salat

Zutaten  für 👨👧👩

1 Romana-Salat	8 Maultaschen
2 Karotten	Zucker
5 EL Pflanzenöl	Pfeffer, Salz
1 EL Essig	

Zubereitung

1. Den Salat waschen, trocknen und in mundgerechte Stücke pflücken. Die Karotten putzen, schälen und in feine Streifen hobeln. 3 EL Öl mit dem Essig sowie 1 Prise Zucker vermischen, mit Salz und Pfeffer würzen und alles gut verrühren.

2. Die Maultaschen in Scheiben schneiden. In einer Pfanne 2 EL Öl erhitzen und die Maultaschen darin knusprig braun anbraten.

3. Den Salat und die Karotten auf Tellern verteilen. Mit der Salatsoße beträufeln und mit den gebratenen Maultaschen belegen. Nach Belieben mit Kräutern dekoriert servieren.

Maultaschen mit Eiersahne

Zutaten für 👨👧👩👧

8 Maultaschen	2 EL Pflanzenöl
250 ml süße Sahne	200 g Emmentaler,
1 Ei	gerieben

Zubereitung

1. Die Maultaschen in Scheiben schneiden. Die Sahne mit dem Ei gut verquirlen.

2. Die Maultaschen im Öl in einer Pfanne knusprig braun anbraten. Mit der Eiersahne übergießen und alles gut durchrühren. Sobald die Eiersahne zu stocken beginnt, den Käse darüberstreuen und alles gut verrühren.

3. Sobald der Käse geschmolzen ist, die Pfanne vom Herd nehmen und die Maultaschen nach Belieben mit Kräutern dekoriert auf Tellern anrichten.

Saure Kartoffelrädle

Zutaten ﻌ für 👪

750 g festkochende Kartoffeln
1 TL Kümmel
2 Zwiebeln
40 g Schweineschmalz
1 EL Weizenmehl
500 ml Fleischbrühe
1 Lorbeerblatt
2 Gewürznelken
1 EL mittelscharfer Senf
3 EL Essig
50 ml trockener Rotwein
Zucker
Pfeffer, Salz

Zubereitung ﻌ

1. Die Kartoffeln schälen und in Wasser mit Kümmel und Salz gar kochen.

2. Die Zwiebeln abziehen und fein würfeln. Das Schweineschmalz in einem Topf erhitzen, die Zwiebeln darin anbraten, mit dem Mehl bestreuen und mit der Brühe aufgießen. Das Lorbeerblatt und die Nelken dazugeben und die Soße ca. 10 Minuten köcheln, danach das Lorbeerblatt und die Nelken entfernen. Die Soße mit dem Senf, dem Essig, dem Rotwein, Salz, Pfeffer und Zucker würzen.

3. Die heißen Kartoffeln in dicke Scheiben schneiden, auf Tellern anrichten und mit der Soße übergießen. Dazu passen Saitenwürstchen.

Katzagschroi

„Bei de Reiche lernt ma 's spara, bei de Arme 's kocha.“
– Bei den Reichen lernt man das Sparen,
bei den Armen das Kochen. –

Zutaten ✍ für 👨‍👩‍👧‍👦

600 g Rinderbrust	½ Bund Petersilie
2 Zwiebeln	1 EL Pflanzenöl
1 Bund Suppengemüse	4 Eier
½ Bund Schnittlauch	Pfeffer, Salz

Zubereitung ✍ warme Variante

1. Das Fleisch unter fließend kaltem Wasser abwaschen und in einen großen Topf legen. Die Zwiebeln abziehen. 1 Zwiebel mit dem gewaschenen und geputzten Suppengemüse in Stücke schneiden und dazugeben. Mit kaltem Wasser bedecken und zum Kochen bringen, bei reduzierter Hitze ca. 2 Stunden kochen lassen.

2. Das Fleisch herausnehmen, abtropfen und abkühlen lassen. Das erkaltete Fleisch in dünne Scheiben schneiden. Schnittlauch und Petersilie waschen, trocknen und fein wiegen. Die zweite Zwiebel würfeln. Das Öl in einer Pfanne erhitzen und die Zwiebel darin anbraten. Das Fleisch dazugeben und kurz mitbraten.

3. Die Eier in einer Schüssel verquirlen und mit Salz und Pfeffer würzen. Die Eiermasse über das Fleisch und die Zwiebeln in der Pfanne geben, bei geringer Hitzezufuhr stocken lassen. Auf Tellern anrichten und nach Belieben mit den Kräutern bestreut servieren. Dazu passt Kartoffelsalat.

Zutaten ❧ für 👨👩👧👦

500 g gekochtes Rind-
  fleisch, z. B. Bratenreste
1 grüne Paprika
2 Frühlingszwiebeln
½ Bund Radieschen
2 Gewürzgurken
3 EL Pflanzenöl
2 EL Essig
1 TL Senf
2 EL Petersilie und
  Schnittlauch, fein gehackt
Zucker
Pfeffer, Salz

Zubereitung ❧ kalte Variante

1. Das Rindfleisch in kleine Stücke schneiden.

2. Die Paprika, die Frühlingszwiebeln und die Radieschen waschen und putzen. Alles in feine Streifen bzw. Scheiben schneiden. Die Gewürzgurken in dünne Scheiben schneiden. Alles zusammen mit dem Fleisch in eine Schüssel geben.

3. Aus dem Öl, dem Essig, dem Senf und 1 Prise Zucker eine Salatsoße anrühren. Mit Salz und Pfeffer würzen und mit den Kräutern vermischen. Die Salatsoße über das Fleisch und das Gemüse geben und alles gut verrühren. Vor dem Servieren ca. 1 Stunde ziehen lassen.

Kassler auf Biersauerkraut

Zutaten ~ für 👨👧👩

750 g Sauerkraut
2 Lorbeerblätter
3 Wacholderbeeren
3 Pimentkörner
500 ml Bier
4 Kassler Koteletts
2 EL Essig
Zucker
Pfeffer, Salz

Zubereitung ~

1. Das Sauerkraut mit den Gewürzen in einen runden Bräter geben, das Bier hinzufügen und ca. 20 Minuten köcheln.

2. Nach 10 Minuten Garzeit die Koteletts auf das Sauerkraut legen und das Sauerkraut fertig garen. Mit Essig, Zucker, Salz und Pfeffer abschmecken.

3. Die Koteletts auf dem Sauerkraut angerichtet servieren.

Siedfleisch

Zutaten für 👨👩👧👦

1 Karotte	4 Pimentkörner	30 g Butter
100 g Sellerieknolle	Salz	40 g Weizen-
1 Stange Lauch		mehl
2 Tomaten	**Für die Soße:**	Zimt
1 kg Rindfleisch	50 g Meerrettich	Zucker
500 g Markknochen	500 ml Milch	Pfeffer, Salz
1 Lorbeerblatt	2 Eigelb	

Zu diesem Rezept passen Salz- oder Bratkartoffeln.

Zubereitung

1. Das Gemüse waschen und putzen. Die Karotte und den Sellerie schälen. Alles grob zerkleinern. Das Gemüse mit dem Fleisch, den Markknochen und den Gewürzen in 1 l kaltem Salzwasser aufsetzen. Alles zum Kochen bringen und ca. 1½ Stunden köcheln. Den dabei entstehenden Schaum entfernen.

2. Für die Soße den Meerrettich schälen und fein reiben. Einen Teil der Milch mit den Eigelben verrühren. Die Butter in einem Topf schmelzen, das Mehl darüberstreuen und hell anschwitzen. Mit der restlichen Milch unter Rühren ablöschen und einmal aufkochen.

3. Den Meerrettich mit der Milch-Eigelb-Mischung unter die Mehlschwitze rühren. Mit 1 Prise Zimt, 1 TL Zucker, Salz und Pfeffer abschmecken.

4. Das Rindfleisch aus der Brühe nehmen. Die Brühe durch ein Sieb passieren, mit Salz und Pfeffer abschmecken. Das Rindfleisch in Scheiben schneiden und auf Tellern anrichten. Mit etwas Fleischbrühe und der Meerrettichsoße servieren.

Schupfnudeln mit Sauerkraut und Speck

Zutaten für 👨👩👧

Für das Sauerkraut:
1 kleine Zwiebel
2 EL Pflanzenöl
1 Dose Sauerkraut (ca. 400 g)
1 Lorbeerblatt
3 Wacholderbeeren

Für die Schupfnudeln:
500 g gekochte Kartoffeln
   (vom Vortag)
250 g Weizenmehl
1 Ei
1 Zwiebel

60 g Butter
100 g Speck, gewürfelt
Salz

Außerdem:
Mehl für die Arbeitsfläche

Zubereitung

1. Für das Sauerkraut die Zwiebel abziehen und grob würfeln. Das Öl in einem Topf erhitzen und die Zwiebel darin glasig dünsten. Das Sauerkraut abgießen und dazugeben. Lorbeerblatt und Wacholderbeeren sowie 200 ml Wasser hinzufügen und ca. 1½ Stunden köcheln lassen.

2. Für die Schupfnudeln die Kartoffeln pellen, zerdrücken und mit dem Mehl, dem Ei und ½ TL Salz zu einem glatten Teig verkneten. Einen Topf mit Salzwasser zum Kochen bringen. Auf einer bemehlten Arbeitsfläche den Teig zu kleinen Würstchen formen (ca. 6 cm lang), die an den Enden spitz zulaufen. Die Schupfnudeln in das kochende Wasser geben. Die Hitze reduzieren, sobald sie oben schwimmen. Dann weitere 15 Minuten ziehen lassen.

3. Die Zwiebel in Ringe schneiden und den Speck würfeln. Die Butter in einer Pfanne schmelzen und Zwiebel und Speck darin anbraten. Die gegarten Schupfnudeln mit dem Schaumlöffel herausheben, gut abtropfen lassen und in der Pfanne etwas mitbraten. Die Schupfnudeln mit dem Sauerkraut auf Tellern anrichten.

Schupfnudeln mit Pilzsoße

Zutaten 〜 für 👪

Für die Schupfnudeln:
500 g gekochte Kartoffeln (vom Vortag)
250 g Weizenmehl
1 Ei
2 EL Butter
Salz

Für die Pilzsoße:
200 g Champignons
200 g Pfifferlinge
1 Zwiebel
2 EL Butter

100 ml Gemüsebrühe
200 ml süße Sahne
½ Bund Schnittlauch
Muskatnuss, gerieben
Pfeffer, Salz

Außerdem:
Mehl für die Arbeitsfläche

Zubereitung 〜

1. Für die Schupfnudeln die Kartoffeln pellen, zerdrücken und mit dem Mehl, dem Ei und ½ TL Salz zu einem glatten Teig verkneten. Einen großen Topf mit Salzwasser zum Kochen bringen. Auf einer bemehlten Arbeitsfläche den Teig zu kleinen Würstchen formen (ca. 6 cm lang), die an den Enden spitz zulaufen. Die Schupfnudeln in das kochende Wasser geben und die Hitze reduzieren, sobald sie oben schwimmen. Weitere 15 Minuten ziehen lassen, dann mit dem Schaumlöffel herausheben. Abtropfen lassen und warmhalten.

2. Für die Pilzsoße die Pilze mit einem Pinsel säubern und die Stielenden abschneiden. Die Champignons halbieren. Die Zwiebel abziehen und klein würfeln. Die Butter in einer Pfanne schmelzen und die Zwiebel darin andünsten. Die Pilze hinzugeben und kurz mit anbraten. Mit der Gemüsebrühe ablöschen und alles bei geschlossenem Deckel ca. 15 Minuten köcheln lassen. Die Sahne dazugießen, kurz erhitzen und mit Muskat, Salz und Pfeffer abschmecken.

3. Den Schnittlauch waschen und in kleine Röllchen schneiden. In einer Pfanne Butter schmelzen und die Schupfnudeln darin kurz anrösten. Die Schupfnudeln mit der Pilzsoße auf Tellern anrichten und mit Schnittlauch bestreut servieren.

Bauchstecherle

„Wenn no dr Buckl au Bauch wär …“

– Ach, wenn ich doch noch mehr essen könnte … –

Zutaten für 👪

500 g Kartoffeln	Muskatnuss, gemahlen	**Außerdem:**
200 g Fleischwurst	Pfeffer, Salz	Mehl für die
1 Zwiebel		Arbeitsfläche
½ Bund Petersilie	**Für die Soße:**	100 g Käse,
2 EL Butter	125 ml Milch	gerieben, zum
100 g Weizenmehl	2 El Speisestärke	Überbacken
2 Eier	125 ml Fleischbrühe	

Zubereitung

1. Für die Bauchstecherle die Kartoffeln schälen und in reichlich Salzwasser gar kochen. Die Fleischwurst in feine Würfel schneiden. Die Zwiebel abziehen und hacken. Die Petersilie waschen, trocknen und die Blätter von den Stielen zupfen.

2. Die Butter in einer Pfanne erhitzen, die Zwiebel und die Wurststücke darin anbraten. Die Petersilie dazugeben und alles gut vermischen.

3. Die Kartoffeln noch heiß durch eine Presse drücken und mit dem Mehl sowie den Eiern vermengen. Die Mischung aus Zwiebeln, Wurststückchen und Petersilie dazugeben. Alles gut vermischen und mit Muskatnuss, Salz und Pfeffer abschmecken.

4. Auf einer bemehlten Arbeitsfläche aus der Kartoffelmasse fingerdicke Rollen formen. In 7 cm lange Stücke schneiden, die Spitzen abrunden und in kochendem Salzwasser

ca. 5 Minuten ziehen lassen. Die
Bauchstecherle mit einer Schaumkelle aus dem Wasser nehmen und
abtropfen lassen.

5. Für die Soße die Milch mit der Speisestärke verrühren. Mit der Fleischbrühe in
einen Topf geben und einmal aufkochen.

6. Die Bauchstecherle in eine Auflaufform
füllen, die Soße darübergießen und mit
dem Käse bestreuen. Im Backofen bei
180 °C (Umluft 160 °C) 10 Minuten überbacken.

Schwäbische Laubfrösche

Zutaten ✑

für 👨👩👧👦

4 altbackene Brötchen
300 g große Spinat-
  blätter
6 Schalotten
1 Bund Petersilie
40 g Butter
3 Eier
1 EL Semmelbrösel
250 ml Fleischbrühe
250 ml Weißwein
12 dünne Scheiben
  geräucherter Speck
200 g süße Sahne
Muskatnuss, gemahlen
Pfeffer, Salz

Zubereitung ✑

1. Die Brötchen in kaltem Wasser einweichen. Den Spinat putzen, waschen und in Salzwasser kurz blanchieren. Die blanchierten Spinatblätter auf einem Küchentuch ausbreiten.

2. Die Schalotten abziehen und fein hacken. Die Petersilie waschen, trocknen und die Blätter von den Stielen zupfen. Die Butter in einer Pfanne schmelzen und die Schalotten darin dünsten. Die Petersilie dazugeben, die Pfanne vom Herd nehmen und abkühlen lassen.

3. Die Brötchen ausdrücken und mit den Schalotten, den Eiern, der Petersilie und den Semmelbröseln vermischen. Mit Muskatnuss, Salz und Pfeffer würzen.

4. Jeweils 3–4 Spinatblätter leicht überlappend zusammenlegen und 1 EL der Füllung in die Mitte geben. Die Spinatblätter an den Seiten über die Füllung schlagen und aufwickeln. In eine feuerfeste Form legen und mit der Fleischbrühe und dem Wein übergießen.

5. Die Speckscheiben auf die Laubfrösche legen und im vorgeheizten Backofen bei 180 °C (Umluft 160 °C) ca. 15 Minuten schmoren. Die Speckstreifen wegnehmen und die Sahne über die Laubfrösche gießen. Den Speck wieder darauflegen und das Ganze nochmals 5 Minuten schmoren.

Filder Krautwickel

Zutaten ❧ für 👨‍👩‍👧‍👦

8–10 große Weißkrautblätter
500 ml Fleischbrühe

Für die Füllung:
1 altbackenes Brötchen
1 Zwiebel
½ Bund Petersilie
1 Ei
1 EL Weizenmehl
200 g gemischtes Hackfleisch
3 EL Pflanzenöl
2 Scheiben geräucherter
  Speck
Semmelbrösel nach Bedarf
Pfeffer, Salz

Zubereitung ❧

1. Die Weißkrautblätter in Salz-wasser bissfest garen und abtropfen lassen.

2. Für die Füllung das Brötchen in etwas lauwarmes Wasser einweichen. Die Zwiebel abziehen und fein würfeln. Die Petersilie waschen, trocknen und fein wiegen. Den Speck in Streifen schneiden.

3. Das Brötchen gut ausdrücken und mit der Zwiebel, der Petersilie, dem Ei und dem Mehl zum Hackfleisch geben. Mit Salz und Pfeffer würzen und alles gut vermischen. Sollte der Hackfleischteig zu weich sein, nach Bedarf noch etwas Semmelbrösel hinzufügen.

4. Jeweils eine passende Menge Füllung auf die Weißkrautblätter setzen, diese an den Seiten über die Füllung schlagen und aufwickeln. Mit Küchengarn zusammenbinden. In einem großen Topf 3 EL Öl erhitzen und die Krautwickel darin von allen Seiten knusprig anbraten. Die Krautwickel aus dem Topf nehmen und den Speck darin anbraten. Danach die Krautwickel wieder hineinlegen und alles mit Fleischbrühe ablöschen. Zugedeckt ca. 30 Minuten garen. Dazu passen Salzkartoffeln oder Kartoffelbrei.

Linsen mit Spätzle und Saitewürstle

„Lensa, Schbätzla ond Kraut,
henn scho manch a Figur versaut.“

– Linsen, Spätzle und Kraut haben schon
so manche Figur ruiniert. –

Zutaten für 👨👩👧👦

250 g Linsen	1 l Fleischbrühe	**Außerdem:**
2 Zwiebeln	2 EL Pflanzenöl	4 Paar Saitenwürstchen
2 Nelken	40 g Weizenmehl	400 g Spätzle
2 Lorbeerblätter	4 EL Essig	Salz

Zubereitung

1. Die getrockneten Linsen über Nacht in Wasser einweichen.

2. Eine Zwiebel abziehen, die Linsen abgießen und mit der Zwiebel und den Gewürzen in der Fleischbrühe garen.

3. Die zweite Zwiebel abziehen, würfeln und im Öl anbraten. Das Mehl darüberstäuben und alles etwas anbräunen lassen. Mit den Linsen und der Fleischbrühe unter ständigem Rühren ablöschen. Mit Salz und Essig würzen.

4. Die Saitenwürstchen in heißem Wasser erwärmen. Die Spätzle in Salzwasser gar kochen und abgießen. Die Linsen mit den Spätzle und den Saitenwürstchen auf Tellern anrichten.

Der Essig ist sehr wichtig für den charakteristischen Geschmack eines schwäbischen Linsengerichts! Wenn dieses Gericht serviert wird, steht in schwäbischen Haushalten neben Pfeffer und Salz zum Nachwürzen ebenso die Essigflasche mit auf dem Tisch.

Wachteln auf Sahnelinsen

„Wenn dr Baur net schwemma koh,
isch halt soi Badhos schuld.“

– Schuld ist immer ein anderer. –

Zutaten für 👫👫

400 g Linsen	50 g Butter
8 Wachteln	250 ml Gemüsebrühe
2 EL Zitronensaft	500 ml Hühnerbrühe
8 Zweige Estragon	200 g saure Sahne
2 Schalotten	Pfeffer, Salz
200 g geräucherter Speck	

Zubereitung

1. Die Linsen über Nacht in Wasser einweichen. Die Wachteln waschen und trocknen, mit Zitronensaft einreiben, mit Salz und Pfeffer würzen und mit den Estragonzweigen füllen. Etwas Estragon für die Dekoration zurückbehalten.

2. Die Schalotten abziehen und in kleine Würfel schneiden. Den Speck in Scheiben schneiden und dann würfeln.

3. Die Butter in einem Bräter erhitzen, die Wachteln, den Speck und die Schalotten darin anbraten. Mit der Gemüsebrühe ablöschen und bei geschlossenem Deckel ca. 35 Minuten anschmoren. In der Zwischenzeit die Linsen abschütten, mit der Hühnerbrühe aufsetzen und ca. 10 Minuten kochen. Die Wachteln aus dem Bräter nehmen und warm stellen.

4. Den Bratensaft, die Schalotten und den Speck mit der Sahne unter die Linsen rühren und mit Salz und Pfeffer abschmecken. Die Wachteln auf den Linsen servieren.

Die Linse ✑

Die Schwäbische Alb war bis in die 50er-Jahre des letzten Jahrhunderts ein traditionelles Anbaugebiet für Linsen. Linsen gedeihen nur mithilfe von Stützpflanzen wie z. B. Hafer oder Gerste, mit denen sie gemeinsam eingesät werden. Die Linsen müssen daher im Anschluss an die Ernte ausgelesen werden – ein aufwändiger Arbeitsgang, der den Anbau unrentabel macht, auch wenn der Stoffwechsel der Linse den Kulturboden aufwertet. Mittlerweile wurde die Linse als landwirtschaftliche Nutzpflanze auf der Schwäbischen Alb wieder eingeführt. Die Alblinsen oder „Alb-Leisa", die dort nach den Richtlinien des Bio-Anbaus kultiviert werden, gelten in Feinschmeckerkreisen als Delikatesse. Die Anbauflächen sind ein beliebter Lebensraum für Wachteln.

Gefüllte Mistkratzerle

*„Koi Gockl hots gern, wenn Fremde
auf am Mischt scherrat."*

– Jeder soll sich um seine eigenen Angelegenheiten kümmern. –

Zutaten 🕊 für 👨‍👩‍👧‍👦

2 kleine Brathähnchen	4–5 EL Petersilie	5 Pfefferkörner
1 Ei	und Schnittlauch,	250 ml trockener
150 g Magerquark	gehackt	Weißwein
150 g saure Sahne	1 Zwiebel	Pfeffer, Salz
150 g Toastbrot	1 Bund Suppengemüse	

Zubereitung 🕊

1. Die Hähnchen außen und innen waschen und trocknen. Außen und innen mit Salz und Pfeffer einreiben.

2. Das Ei trennen. Den abgetropften Quark mit dem Eigelb und 120 g saurer Sahne verrühren. Das Eiweiß steif schlagen, das Brot in Würfel schneiden. Alles unter die Quarkmasse heben. Die Kräuter sowie Salz und Pfeffer hinzufügen und die Masse vorsichtig verrühren.

3. Den Backofen auf 200 °C (Umluft 180 °C) vorheizen. Die Hähnchen mit der Masse füllen und in eine Bratform legen. Die Zwiebel abziehen, das Suppengemüse waschen und putzen. Alles würfeln und

mit den Pfefferkörnern zu den Hähnchen in die Bratform geben. Im Backofen ca. 1 Stunde braten.

4. Den Weißwein mit 3 EL Wasser mischen und mit Salz und Pfeffer würzen. Die Hähnchen während des Bratens immer wieder mit dieser Mischung begießen und mit dem entstehenden Bratensaft bestreichen. Nach der Garzeit die Backform aus dem Ofen nehmen und die entstandene Soße in einen Topf gießen. Nochmals leicht erhitzen, die restliche Sahne einrühren und mit Salz und Pfeffer abschmecken. Die Hähnchen zerteilen und mit der Soße auf Tellern anrichten.

Zu diesem Rezept passen Spätzle oder Kartoffelsalat.

Saumagen auf Biberacher Art

„Äll Tag springt a andre Sau durchs Dorf."
– Jede Neuigkeit verdrängt die Sensation von gestern. –

Zutaten für 👪

1 Saumagen	½ Bund Thymian
2 altbackene Brötchen	500 g Kartoffeln
500 g Schweinekamm	3 EL Butterschmalz
500 g Schweinebauch	4 Eier
2 große Zwiebeln	300 g Brät
4 Karotten	Muskatnuss,
1 Bund Petersilie	gemahlen
½ Bund Majoran	Pfeffer, Salz

Zubereitung

1. Den Saumagen über Nacht in leicht gesalzenes Wasser legen. Am nächsten Tag innen und außen unter fließendem Wasser gründlich abspülen.

2. Die Brötchen in kaltem Wasser einweichen. Das Schweinefleisch in kleine Würfel schneiden, die Zwiebeln abziehen und hacken. Die Karotten putzen, schälen und in Scheiben schneiden.

3. Die Kräuter waschen, trocknen und grob hacken. Die Kartoffeln schälen, in Würfel schneiden und halb gar kochen.

4. Das Butterschmalz in einem Topf erhitzen, das Fleisch, die Zwiebeln, die Karotten und die Kartoffeln darin 5 Minuten anbraten. Die Mischung vom Herd nehmen, etwas auskühlen lassen und mit den Eiern, dem Brät, den ausgedrückten Brötchen und den Kräutern vermischen. Mit den Gewürzen pikant abschmecken.

5. Die Masse kräftig verkneten und damit den Saumagen füllen – nicht zu prall, damit er nicht platzt. Alle Öffnungen mit Küchengarn zubinden.

6. Den Saumagen in ein Tuch einbinden und in einem großen Topf mit Salzwasser ca. 3 Stunden sieden,

jedoch nicht kochen. Danach den Saumagen aus dem Wasser nehmen und in dem Tuch abkühlen lassen.

7. Den abgetrockneten Saumagen in einer Pfanne mit etwas Fett rundherum braun anbraten, aufschneiden und servieren.

Zu diesem Gericht serviert man Biersauerkraut und ein kräftiges Vollkornbrot.

Saure Leberle

Zutaten für 👫👫

2 Zwiebeln	125 ml saure Sahne
500 g Rinderleber	1 TL Speisestärke
2 EL Weizenmehl	50 ml Essig
2 EL Pflanzenöl	Pfeffer, Salz
200 ml Rotwein	

Zu diesen Rezepten passen Spätzle oder Kartoffel-püree.

Zubereitung

1. Die Zwiebeln abschälen und in Ringe schneiden. Die Leber von Haut und Sehnen befreien, in Streifen schneiden und mit Mehl bestäuben.

2. Das Öl in einer Pfanne erhitzen und darin die Leber mit den Zwiebeln braten. Wenn die Leber gar ist, aus der Pfanne nehmen und warm stellen. Den Rotwein in die Pfanne gießen, den Bratensatz vom Rand und vom Boden lösen und in den Rotwein rühren.

3. Die Speisestärke mit der Sahne glatt rühren und zu der Soße geben. Die Leber mit den Zwiebeln hinzufügen und die Soße mit Essig, Salz und Pfeffer abschmecken.

ℨutaten ⁊ für 👨‍👧‍👩

1 kg Schweinenieren
2 Zwiebeln
1 EL Pflanzenöl
30 g Butter
1 EL Tomatenmark
250 ml Fleischbrühe
100 ml Weinessig
Weizenmehl
  zum Bestäuben
Pfeffer, Salz

ℨubereitung ⁊

1. Die Schweinenieren längs halbieren, die dunklen Stellen und die Sehnen entfernen. Die Nieren in ca. 1 cm breite Streifen schneiden. Die Zwiebeln schälen und fein hacken.

2. Das Öl in einer Pfanne erhitzen und die Nieren darin kräftig anbraten. Die Zwiebeln mit der Butter zugeben und alles zusammen braten. Das Tomatenmark einrühren, das Mehl darüberstäuben und mit der Fleischbrühe und dem Essig aufgießen. Bei starker Hitze ca. 2 Minuten einkochen, mit Salz und Pfeffer abschmecken und auf Tellern angerichtet servieren.

Schwäbischer Hasenpfeffer

„A gscheiter Woi hot no koim Dumma gschadet."

– Ein guter Wein hat noch keinem Dummen geschadet. –

Zutaten ∽ für 👪

1 kg Hasenteile	8 Wacholderbeeren	20 ml Pflanzenöl
1 Karotte	1 Lorbeerblatt	100 g Soßenlebkuchen
¼ Sellerieknolle	1 Zweig Thymian	4 cl Cognac
2 Zwiebeln	1 l kräftiger Rotwein	Pfeffer, Salz
2 Gewürznelken	80 ml Rotweinessig	
8 Pfefferkörner	1 EL Weizenmehl	

Zubereitung ∽

1. Das Fleisch in eine Schüssel legen. Die Karotte und den Sellerie waschen, putzen, die Zwiebeln abziehen und alles in grobe Stücke schneiden. Das Gemüse und die Gewürze über die Hasenteile geben, mit dem Rotwein und dem Rotweinessig übergießen und ca. 24 Stunden unter gelegentlichem Wenden marinieren.

2. Das Fleisch aus der Marinade nehmen, von den Knochen lösen und in mundgerechte Stücke schneiden. Mit Salz und Pfeffer würzen und mit Mehl bestäuben.

3. Das Öl in einem Topf erhitzen und das Fleisch darin anbraten. Mit der Hälfte der Marinadenflüssigkeit aufgießen. Den Soßenlebkuchen zerbröckeln und einrühren. Alles ca. 1 Stunde köcheln. Den Hasenpfeffer mit Salz, Pfeffer und Cognac abschmecken.

Hammelbraten „Älbler Art"

„Wa deand denn dia do danna en denne Dennela denn?"

Schwäbischer Zungenbrecher:
– Was machen die da drüben bei diesen Tannen? –

Zutaten für 👪

500 g Hammelfleisch	**Für die Beize:**	1 Lorbeerblatt
1 Zwiebel	1 Zwiebel	1 EL Wacholderbeeren
4 Karotten	1 TL Pfefferkörner	2 EL Tannennadeln
50 g Brotrinde	2 Nelken	100 ml Essig
2 EL Bratfett		
200 g saure Sahne		
Pfeffer, Salz		

Zubereitung

1. Für die Beize die Zwiebel abziehen und vierteln. 1 l Wasser in einen Topf geben, die Gewürze, die Tannennadeln, den Essig und die Zwiebel hinzufügen und aufkochen.

2. Das Hammelfleisch von Haut und Sehnen befreien, mit Salz und Pfeffer würzen, in eine Schüssel geben und mit der Beize übergießen. Das Fleisch ca. 2 Tage ruhen lassen, gelegentlich wenden.

3. Die Zwiebel schälen und grob hacken, die Karotte waschen, putzen und in dicke Scheiben schneiden. Die Brotrinde zerkleinern.

4. Das Fett in einem Topf erhitzen und das Hammelfleisch darin von allen Seiten anbraten. Die Zwiebel, die Brotrinde und die Karotte dazugeben und mit einem Teil der Beize ablöschen.

5. Den Braten im Backofen bei 180 °C (Umluft 160 °C) ca. 1 Stunde schmoren. Gelegentlich mit Beize übergießen.

6. Den Braten herausnehmen und warm stellen. Die Soße durch ein Sieb abgießen und mit saurer Sahne, Salz und Pfeffer abschmecken. Den Hammelbraten mit der Soße auf Tellern anrichten. Dazu passen Spätzle.

Felchen mit Schwarzwurzeln

„Der Teufl hängt koi Glöckle ans Woiglas.“
– Der Teufel hält uns nicht vom Trinken ab. –

Zutaten für

400 g Schwarzwurzeln
4 EL Zitronensaft
1 Bund Petersilie
4 EL Butter
6 EL Weizenmehl

125 ml trockener
   Weißwein
125 ml Milch
8 Felchenfilets
Pfeffer, Salz

Zubereitung

1. Die Schwarzwurzeln putzen, schälen und unter fließend kaltem Wasser abspülen. In Stücke schneiden und in einen Topf geben. Mit Wasser bedecken, den Zitronensaft hinzufügen und ca. 20–30 Minuten kochen. Die Petersilie waschen, trocknen und fein hacken.

2. 2 EL Butter schmelzen, mit 2 EL Mehl bestäuben und verrühren. Mit dem Weißwein und der Milch ablöschen. Die Mehlschwitze einmal aufkochen, die abgetropften Schwarzwurzeln und die Petersilie unterrühren und mit Salz und Pfeffer abschmecken.

3. Die Felchenfilets mit Salz und Pfeffer würzen und im restlichen Mehl wenden.

4. Die restliche Butter in einer Pfanne erhitzen und die Felchenfilets mit der Hautseite zuerst anbraten, wenden und fertig braten.

5. Jeweils zwei Felchenfilets auf einem Teller anrichten und die Schwarzwurzeln mit der Soße darübergeben. Dazu passen Spätzle oder Salzkartoffeln.

Gesalzener Rahmkuchen

Zutaten — für 👨👩👧

200 g Weizenmehl
60 g Schweineschmalz
100 ml Milch
1 Bund Schnittlauch
200 g saure Sahne
3 Eigelb
Pfeffer, Salz

Außerdem:
Fett für die Form

Zubereitung

1. Aus dem Mehl, dem Schmalz, ½ TL Salz und der Milch einen Knetteig herstellen. In Frischhaltefolie wickeln und ca. 30 Minuten im Kühlschrank ruhen lassen.

2. Den Backofen auf 180 °C (Umluft 160 °C) vorheizen. Eine Obstkuchenform einfetten und mit dem Teig auslegen, dabei einen ca. 3 cm hohen Rand formen.

3. Den Schnittlauch waschen, trocknen und in Röllchen schneiden. Die saure Sahne mit den Eigelben und dem Schnittlauch vermischen, mit Salz und Pfeffer würzen.

4. Die Sahnemischung auf dem Teig verteilen und den Kuchen im Backofen ca. 30 Minuten backen. Dazu passt grüner oder gemischter Salat.

Krautkrapfen

Zutaten *für* 👧👦👩👨

300 g Weizenmehl
2 Eier
200 g geräucherter
   Speck
500 g Sauerkraut
1 Lorbeerblatt
3 Wacholderbeeren
2 Nelken
100 ml Bier
250 ml Hühnerbrühe
Pfeffer, Salz

Außerdem:
Fett für die Form

Zubereitung

1. Aus dem Mehl, den Eiern und ½ TL Salz einen Nudelteig herstellen. In Frischhaltefolie wickeln und ca. 20 Minuten im Kühlschrank ruhen lassen. Den Speck in feine Würfel schneiden.

2. Das Sauerkraut mit den Gewürzen und dem Bier ca. 10 Minuten kochen, mit Salz und Pfeffer abschmecken und etwas abkühlen lassen.

3. Den Backofen auf 180 °C (Umluft 160 °C) vorheizen und eine Auflaufform einfetten.

4. Den Nudelteig in drei Rechtecke ausrollen. Jeweils mit Sauerkraut und Speck belegen. Den Teig wie einen Strudel aufrollen und in ca. 4 cm lange Stücke schneiden.

5. Die gefüllten Teigstücke mit der Schnittfläche nach unten in die Form setzen. Die Brühe angießen und das Ganze abgedeckt im Backofen ca. 20 Minuten garen.

Reutlinger Pastete

„A alde Kuh vergisst gern, dass se
au amal a Kalb gwesa isch.“

– Eine alte Kuh vergisst gern,
dass sie auch einmal ein Kalb gewesen ist. –

Zutaten 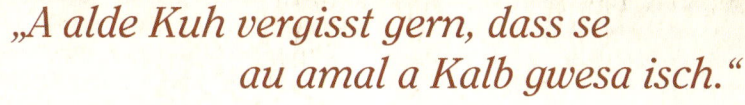 für 👨‍👧‍👦👨‍👩

500 g Blätterteig, tiefgekühlt	Muskatnuss, gemahlen
	Pfeffer, Salz
500 g Kalbfleisch	
2 Zwiebeln	**Außerdem:**
1 Bund Petersilie	Fett für die Form
1 Ei	saure Sahne
2 EL Butter	Kresse

Die Pastete wird lauwarm serviert.

Zubereitung

1. Eine Springform einfetten. Den Blätterteig ausrollen. Je einen Kreis für den Boden und den Deckel ausschneiden. Dann den Teig für die Seitenteile ausrollen und ausschneiden. Die Springform mit dem Teig auslegen und andrücken.

2. Das Fleisch in Streifen schneiden. Die Zwiebeln abziehen und fein hacken. Die Petersilie waschen, trocknen und die Blätter von den Stielen zupfen.

3. Das Fleisch, die Zwiebeln und die Petersilie miteinander vermischen und mit Muskatnuss, Salz und Pfeffer abschmecken. Das Ei in eine Schüssel geben und mit einer Gabel verquirlen.

4. Den Backofen auf 180 °C (Umluft 160 °C) vorheizen. Die Füllung in die Form geben, mit Butterwürfeln belegen, den Teigdeckel darauflegen und etwas andrücken. Den Deckel mit Ei bestreichen und mit einer Gabel mehrmals einstechen. In die Mitte des Deckels ein ca. 2 cm großes Loch schneiden. Den Deckel mit den restlichen Stücken Blätterteig verzieren. Im Backofen ca. 45 Minuten backen. In Stücke schneiden und nach Belieben mit saurer Sahne und Kresse auf Tellern anrichten. Am besten lauwarm servieren.

Zucchini-Spätzle-Auflauf

Zutaten ஆ für 👨👩👧👦

300 g Spätzle
300 g Zucchini
200 g Käse, gerieben

Außerdem:
Butter für
die Form

„Uff die Spätzla,
ferdich, Sooß!"
– Auf die Plätze, fertig, los! –

Zubereitung ஆ

1. Die Spätzle in ausreichend Salzwasser gar kochen.

2. ⅔ der Zucchini längs in dünne Streifen schneiden. Die restliche Zucchini längs halbieren und in dünne Scheiben schneiden. Den Backofen auf 180 °C (Umluft 160 °C) vorheizen. Eine feuerfeste Form mit der Butter einfetten.

3. Abwechselnd Zucchinistreifen und -scheiben, Spätzle und geriebenen Käse in die Form schichten, bis alle Zutaten aufgebraucht sind. Zuletzt mit Zucchini und Käse abschließen.

4. Den Auflauf im Backofen ca. 35 Minuten backen, bis der Käse goldbraun ist.

Schwäbische Lauchtorte

Zutaten ❧ für 👨👩👧👦

250 g Weizenmehl
3 Eier
175 g Butter
1 kg Lauch
50 ml trockener
  Weißwein
Muskatnuss, gemahlen
125 ml Crème fraîche
1 EL Speisestärke

200 g geräucherter
  Speck
125 g Emmentaler,
  gerieben
Pfeffer, Salz

Außerdem:
Fett und Mehl
  für die Form

Zubereitung ❧

1. Aus dem Mehl, 1 Ei, 125 g Butter und ½ TL Salz einen Knetteig herstellen. Den Teig in Frischhaltefolie wickeln und im Kühlschrank ca. 30 Minuten ruhen lassen. Den Backofen auf 180 °C (Umluft 160 °C) vorheizen und eine Springform einfetten.

2. Den Lauch putzen, längs halbieren, unter fließendem Wasser gründlich waschen und gut abtropfen lassen. Quer in dünne Streifen schneiden und in der restlichen Butter in einem Topf erhitzen. Mit dem Wein ablöschen und mit Muskatnuss, Salz und Pfeffer würzen.

3. Die Crème fraîche mit der Speisestärke und den restlichen Eiern verrühren. Den Speck würfeln.

4. Den Teig auf einer bemehlten Arbeitsfläche ausrollen und die Springform damit auslegen, dabei einen Rand hochdrücken. Den Lauch auf dem Teig verteilen und die Eiermischung darübergeben. Die Lauchtorte zuletzt mit den Speckwürfeln und dem Käse bestreuen. Im Backofen ca. 45 Minuten backen.

Zwiebelkuchen mit Speck

„Amma Räuschle isch net dr Woi schuld,
sondern dr Trinker."

– Am Rausch hat nicht der Wein, sondern der Trinker schuld. –

Zutaten ∞ für 1 Blech

Für den Teig:
500 g Weizenmehl
1 Würfel Frischhefe
250 ml lauwarme Milch
1 Ei
60 g weiche Butter

Zucker
Salz

Für den Belag:
1 kg Zwiebeln
200 g Speck, gewürfelt

2 EL Pflanzenöl
400 g saure Sahne
5 Eier
Pfeffer, Salz

Zubereitung ∞

1. Für den Hefeteig das Mehl in eine Schüssel sieben, in die Mitte eine Mulde drücken und die Hefe hineinbröckeln. 1 Prise Zucker und 100 ml lauwarme Milch dazugeben und mit etwas Mehl zu einem Vorteig verrühren. Abgedeckt ca. 20 Minuten gehen lassen. Die restliche Milch, das Ei, 1 TL Salz und die Butter hinzufügen. Alles zu einem geschmeidigen Teig verarbeiten. Abgedeckt an einem warmen Ort ca. 45 Minuten gehen lassen.

2. Für den Belag die Zwiebeln abziehen und in feine Ringe schneiden. Den Speck im Öl knusprig braten und aus der Pfanne nehmen. Die Zwiebelringe in die Pfanne geben und glasig dünsten. Mit dem Speck vermischen und mit Salz und Pfeffer abschmecken.

3. Die saure Sahne mit den Eiern verrühren und mit Salz und Pfeffer würzen. Den Backofen auf 180 °C (Umluft 160 °C) vorheizen und ein Backblech mit Backpapier auslegen. Den Teig auf einer bemehlten Arbeitsfläche ausrollen und auf das Backblech legen, dabei rundherum einen Rand stehenlassen. Den Teig mit einer Gabel mehrmals einstechen. Die Zwiebeln und den Speck auf dem Teig verteilen und die Sahnemischung darübergeben. Alles glatt streichen und im Backofen ca. 45 Minuten goldbraun backen.

Schwäbische Seelen

Zutaten ∽ für 👨👩👧

1 kg Dinkelmehl
1 Würfel Frischhefe
1 EL Kümmel
1 EL grobes Salz
Salz

*„Liebr mehr essa,
als zwenig drinka."*

– Essen und Trinken hält Leib
und Seele zusammen. –

Zubereitung ∽

1. Das Mehl in eine Schüssel sieben und in die Mitte eine Mulde drücken. Die Hefe hineinbröckeln und etwas lauwarmes Wasser dazugeben. Mit etwas Mehl zu einem Vorteig verrühren und abgedeckt ca. 20 Minuten gehen lassen.

2. 600 ml lauwarmes Wasser und 3 TL Salz dazugeben und alles gut verkneten. Abgedeckt an einem warmen Ort ca. 60 Minuten gehen lassen.

3. Den Teig auf einer bemehlten Arbeitsfläche nochmals durchkneten und in 12 längliche Stücke (25–30 cm) teilen. Ein Backblech mit Backpapier auslegen. Die Teigstücke darauflegen und abgedeckt weitere 10 Minuten gehen lassen.

4. Den Backofen auf 230 °C (Umluft 210 °C) vorheizen. Die Teigstücke mit Wasser bestreichen und mit Kümmel und grobem Salz bestreuen. Im Backofen ca. 20 Minuten backen.

Zur Geschichte ∽

Tatsächlich hat die Schwäbische Seele etwas mit Seelen zu tun, und zwar mit Allerseelen. Angeblich geht dieses Gebäck auf einen Bäcker aus dem oberschwäbischen Ravensburg zurück, der während des Dreißigjährigen Kriegs ein Gelübde ablegte. Die Region war von der Pest befallen und er gelobte, jedem Bettler zu Allerseelen ein Brot zu schenken, wenn die Seuche an Ravensburg vorüberziehen würde. Aus dem Brot wurde dann die etwas kleinere „Seele", die aber immerhin mit Kümmel und grobem Salz bestreut wird.

Schwäbische Seelen werden traditionell aus Dinkelmehl gebacken, man kann aber auch Weizenmehl verwenden.

Träubleskuchen

„Nemmat Se ruhig no a dritts
Stückle Kucha, mir zählet net.“

– Nehmen Sie noch ein drittes Kuchenstück, wir zählen nicht. –

Zutaten ～ für ca. 12 Stück

250 g Weizenmehl
1 TL Backpulver
2 Eier
125 g weiche Butter
200 g Zucker

abgeriebene Schale
  einer halben Zitrone,
  unbehandelt
500 g rote Johannisbeeren
1 EL Speisestärke

1 EL Semmelbrösel

Außerdem:
Mehl für die Arbeitsfläche
Fett für die Form

Zubereitung ～

1. Das Mehl und das Backpulver in einer Schüssel vermischen. Die Eier trennen. Die Eigelbe, die Butter, 100 g Zucker und die Zitronenschale dazugeben. Alles zu einem geschmeidigen Mürbeteig verkneten. Den Teig in Frischhaltefolie wickeln und 30 Minuten im Kühlschrank ruhen lassen.

2. Den Backofen auf 180 °C (Umluft 160 °C) vorheizen. Eine Springform (Ø 26 cm) einfetten. Den Teig auf einer bemehlten Arbeitsfläche ausrollen und die Springform damit auskleiden. Den Kuchenboden im Backofen auf der mittleren Schiebeleiste ca. 25 Minuten goldgelb backen.

3. Die Johannisbeeren waschen, abtropfen lassen und mit einer Gabel von den Stielen streifen. Die Eiweiße steif schlagen, die Stärke und den restlichen Zucker einrieseln lassen und alles weitere 3 Minuten schlagen.

4. Die Semmelbrösel auf den Kuchenboden streuen und die Beeren gleichmäßig darauf verteilen. Die Eiweißmasse auf die Beeren streichen. Die Temperatur des Backofens auf 160 °C (Umluft 140 °C) reduzieren und den Kuchen weitere ca. 30 Minuten fertig backen, bis das Baiser leicht gebräunt ist.

Schwäbischer Apfelkuchen

„Man muss in mancha saura Apfl beißa, bevor ma en süßa verwischt."
– Man muss viele Frösche küssen, bevor man einen Prinzen findet. –

Zutaten ᔜ für 👨👩👧👦

100 g Weizenmehl
60 g Speisestärke
1 TL Backpulver
4 Eier
125 g Butter

2 Päckchen Vanillezucker
4 EL Zucker
1 kg Äpfel
1–2 EL Zitronensaft

Außerdem:
Fett für die Form
Puderzucker zum Bestäuben

Zubereitung ᔜ

1. Das Mehl mit der Stärke und dem Backpulver vermischen. Die Eier trennen und die Butter schmelzen. Die Eigelbe mit der Butter und dem Vanillezucker zu dem Mehl geben. Alles gut verrühren.

2. Die Eiweiße mit 1 EL Zucker steif schlagen und unter die Teigmasse heben. Eine Springform einfetten, den Teig einfüllen und glatt streichen.

3. Den Backofen auf 180 °C (Umluft 160 °C) vorheizen. Die Äpfel waschen, halbieren, entkernen und in schmale Spalten schneiden. Die Spalten mit dem Zitronensaft beträufeln, damit sie nicht braun werden.

4. Die Äpfel auf dem Rührteig verteilen und den restlichen Zucker darüberstreuen. Im Backofen ca. 30 Minuten backen. Mit Puderzucker bestäubt servieren.

𝔍utaten ∽ für 🧑‍🤝‍🧑

500 g Weizenmehl
1 Würfel Frischhefe
250 ml lauwarme Milch
60 g Zucker
4 Eier
abgeriebene Schale
   einer halben Zitrone,
   unbehandelt

60 g weiche Butter
100 g Sultaninen
Salz

Außerdem:
Fett zum Ausbacken
Puderzucker
   zum Bestäuben

Nonnenfürzle

𝔍ubereitung ∽

1. Das Mehl in eine Schüssel sieben, eine Mulde hineindrücken und die Hefe hineinbröckeln. Etwas lauwarme Milch und den Zucker dazugeben und mit etwas Mehl zu einem Vorteig verrühren. Abgedeckt ca. 35 Minuten gehen lassen.

2. Den Vorteig mit der restlichen Milch, den Eiern, der Zitronenschale, der Butter und 1 Prise Salz zu einem lockeren Hefeteig verarbeiten und 40 Minuten gehen lassen.

3. Die Sultaninen waschen und für 10 Minuten in etwas Wasser einweichen. Dann abgießen und ausdrücken. Die Sultaninen in den Hefeteig einarbeiten und diesen weitere 10 Minuten gehen lassen.

4. Das Fett erhitzen, mit einem Teelöffel Teigstücke abstechen und im heißen Fett goldbraun ausbacken. Mit Puderzucker bestäubt servieren.

Pfitzauf mit Holunder-Birnen-Kompott

„A Bsuch macht zweimal Freud – wennr kommt ond wennr wiedr vrschwindt."

– Besuch macht doppelt Freude:
wenn er kommt und wenn er wieder geht. –

Zutaten für 👪

Für das Kompott:
500 g Holunderbeeren
250 g Birnen
125 ml Rotwein
1 Zimtstange
100 g Zucker
abgeriebene Schale
    einer Zitrone,
    unbehandelt

Für den Pfitzauf:
250 g Weizenmehl
500 ml Milch
4 Eier
4 EL Butter
Salz

Außerdem:
Puderzucker zum Bestäuben

Zubereitung

1. Für das Kompott die Holunderbeeren von den Dolden streifen, waschen und abtropfen lassen. Die Birnen schälen, vierteln, das Kerngehäuse entfernen und die Birnenviertel in dünne Scheiben schneiden. Den Rotwein mit 125 ml Wasser vermischen und den Zimt, den Zucker und die Zitronenschale hinzufügen. Kurz aufkochen lassen und die Früchte dazugeben. Bei geringer Hitzezufuhr die Früchte weich kochen.

2. Den Backofen auf 200 °C (Umluft 180 °C) vorheizen. Das Mehl, die Milch, die Eier und 1 Prise Salz mit den Rührbesen des elektrischen Handrührgerätes zu einem glatten Teig verrühren. Die Butter schmelzen und die Pfitzauf-Formen damit einfetten. Die restliche Butter in den Teig rühren. Die Formen zur Hälfte mit Teig befüllen und im Backofen auf der mittleren Schiebeleiste ca. 35 Minuten backen.

3. Das Gebäck mit Puderzucker bestäuben mit dem Kompott auf Tellern anrichten. Sofort servieren, da der Pfitzauf schon nach kurzer Zeit zusammenfallen kann.

Die typisch schwä-
bische Pfitzauf-
Form kann durch
kleine hohe Crème-
brulée-Formen
ersetzt werden.

Ofenschlupfer mit Apfel

Zutaten für 👨👩👧👦

8 Brötchen
2 Äpfel
250 ml Milch
2 Eier
50 g Zucker
½ TL Zimt, gemahlen
50 g Mandeln, gehobelt
50 g Rosinen
2 EL Butter

Außerdem:
Fett für die Form

Zubereitung

1. Die Brötchen in 1 cm dicke Scheiben schneiden. Die Äpfel waschen, halbieren, entkernen und in Spalten schneiden. Die Milch mit den Eiern, dem Zucker und dem Zimt verquirlen.

2. Den Backofen auf 180 °C (Umluft 160 °C) vorheizen. Eine Auflaufform einfetten und je eine Lage Brötchenscheiben, Mandeln, Rosinen und Apfelspalten hineinlegen, bis alles verbraucht ist. Mit einer Schicht Brötchen abschließen.

3. Die Milch-Eier-Mischung gleichmäßig über die Brötchen gießen und das Ganze mit Butterflöckchen bestreuen. Im Backofen ca. 35 Minuten backen.

Ofenschlupfer mit Rieslingschaum

Zutaten für 👨‍👩‍👧‍👦

80 g Rosinen
2 cl Rum
ca. 100 g altbackene
   Brioche oder Hefezopf
1 Apfel
1–2 EL Zitronensaft

6 EL Mandeln und
   Haselnüsse, gehackt
2 Eier
200 ml Milch
2 EL Vanillezucker
2 EL Zucker

**Für den
Rieslingschaum:**
2 Eigelb
60 g Zucker
250 ml Riesling

Außerdem:
200 g helle
   Trauben
Butter für
   die Form

Zubereitung

1. Den Backofen auf 200 °C (Umluft
180 °C) vorheizen. Eine Kastenform mit Butter einfetten. Die
Rosinen in den Rum einweichen.

2. Die Brioche grob zerschneiden.
Den Apfel waschen, entkernen
und reiben. Mit dem Zitronensaft
beträufeln, dann zusammen mit
den Briochestückchen, den Rosinen und 4 EL der Nüsse in die
Kastenform schichten.

3. Die Eier mit der Milch, dem Vanillezucker und dem Zucker verquirlen
und über die Brioche-Mischung
gießen. Im Backofen ca. 40 Minuten
goldbraun backen. Aus der Form
stürzen und etwas abkühlen lassen.

4. Für die Soße die Eigelbe mit dem
Zucker und dem Weißwein im heißen
Wasserbad weißschaumig schlagen.
Die Trauben waschen, halbieren und

entkernen. Den Ofenschlupfer in Scheiben schneiden, mit den Traubenhälften
garnieren, mit den restlichen Nüssen
bestreuen und mit dem Rieslingschaum
beträufelt servieren.

Hefezopf

„Kommet glei noch em Kaffee,
dassr zom Vespra wiedr drhoim sei kennat."

– Kommt gleich nach dem Kaffeetrinken,
       damit ihr zum Abendessen wieder zu Hause seid. –

Zutaten   für 1 Hefezopf

1 kg Weizenmehl	3 Eier
1 Würfel Frischhefe	abgeriebene Schale
100 g Zucker	einer halben Zitrone,
500 ml lauwarme	unbehandelt
Milch	2 EL Sesam
150 g weiche Butter	Salz

Zubereitung

1. Das Mehl in eine Schüssel sieben, eine Mulde hineindrücken und die Hefe hineinbröckeln. 1 EL Zucker
und 100 ml lauwarme Milch hineingeben und mit
etwas Mehl zu einem Vorteig verrühren. Abgedeckt
ca. 30 Minuten gehen lassen.

2. Den restlichen Zucker und die restliche Milch, 1 TL
Salz, die Butter, 2 Eier sowie die Zitronenschale dazugeben und alles zu einem geschmeidigen Teig verkneten.
Abgedeckt ca. 45 Minuten an einem warmen Ort gehen
lassen.

3. Den Teig auf eine bemehlte Arbeitsfläche legen, nochmals durchkneten und in 4 Stücke teilen. Die Teigstücke zu gleichmäßigen Rollen formen und daraus
einen Zopf flechten. Den Backofen auf 200 °C (Umluft
180 °C) vorheizen.

Tipp

Es gibt viele Möglichkeiten, einen Hefezopf vor dem Backen zu bestreuen: Hagelzucker, Sesam, gehackte Mandeln oder Haselnüsse … warum nicht auch einmal Nusskrokant!

4. Ein Backblech mit Backpapier auslegen und den Zopf darauflegen. 1 Ei in einer Schüssel verquirlen und den Zopf damit bestreichen. Mit Sesam bestreuen und im Backofen auf der mittleren Schiebeleiste ca. 45 Minuten backen. Die Temperatur des Backofens nach 20 Minuten auf 180 °C (Umluft 160 °C) reduzieren.

Register

© 2014 design cat GmbH

Genehmigte Lizenzausgabe
EDITION XXL GmbH
Industriestraße 19
64407 Fränkisch-Crumbach 2017
www.edition-xxl.de

Idee und Projektleitung:
Sonja Sammüller
Layout, Satz und Umschlaggestaltung:
design cat GmbH
Text: Elisabeth Bangert, Gerhard Poggenpohl

ISBN 978-3-89736-146-1

Bildnachweis:

G. Poggenpohl: 11, 15, 18, 20, 22, 23, 24 –
25, 26, 28, 33, 36, 37, 40 – 41, 42, 46 – 47,
50 – 51, 52, 53, 54 – 55, 56 – 57, 58 – 59, 60,
61, 62 – 63, 64, 65, 72, 73, 75, 76

picture-alliance: StockFood/Bender, Uwe
Cover front, 39, 66 – 67; StockFood/Bialy,
Boguslaw 78 – 79; StockFood/Bischof, Harry
29, Cover back; StockFood/Eising Studio –
Food Photo & Video 12 – 13, 21, 30 – 31,
43, 71, Cover back; StockFood/Feiler Fo-
todesign 69; StockFood/FoodFoto Köln 77;
StockFood/Gräfe & Unzer Verlag/Albrecht,
Dirk 16 – 17; StockFood/Kirchherr, Jo 38,
Cover back; StockFood/Newedel, Karl
74 – 75; StockFood/Stella 10, Cover back;
StockFood/Teubner Foodfoto GmbH 14;
StockFood/Volk, Fridhelm 34 – 35, 45, 49

Shutterstock:
1eyeshut 6/Adriana Nikolova 4/Daria Mi-
naeva 3/Denis Vrublevski 18/Dim Dimich
3, 12, 18, 20, 23, 26, 27, 34, 37, 40, 61,
70, 73/Everett Collection 9/hjschneider
6/Igor Kovalchuk 2, 4, 8 – 11, 14 – 16, 19,
21, 22, 24, 28 – 33, 36, 38, 39, 42 – 44,
46, 48, 50, 52 – 54, 56, 58, 60, 62, 64, 65,
66, 68, 72, 74, 76 – 78/Ildi Papp 8/Irina
Rogova 2 – 4, 8 – 79/jopelka 4, 5/Karl All-
gaeuer 3, 19, 27/Leremy 8, 10 – 12, 14 – 16,
18 – 24, 26 – 30, 32 – 40, 42 – 44, 46, 48,
50, 52, 53, 55, 56, 58, 60, 61, 63 – 65, 68,
68, 72, 73, 74, 76, 77/LiliGraphie 31, 37,
49, 51, 52, 63, 75/Madlen 5/Maglara Cover
Back/Marina Grau 32/Martin Rettenberger
6/natuska 24, 44/Peter Zijlstra 7/photo-
oasis 3/Piotr Zajc 4 – 80/Rsinha 13, 17, 38,
47, 68, 79/Sopotnicki 4/stockcreations
2/Triff Cover Back, 3